생각을 하면
뭐가 달라질까?

와글 와글 인문학 수업

생각을 하면 뭐가 달라질까?

김경윤 글 | 보라 그림

내케주니어

머리말

안녕, 친구들!

나는 책 읽고, 생각하고, 글 쓰고, 동네 한 바퀴 돌고, 고양이를 돌보는 철학자야.

어린이를 위한 철학책을 쓰면서 정말 즐거웠어. 어린 시절로 돌아가 그때의 내 모습을 떠올리니 슬그머니 입가에 웃음이 머물더라. 어린 시절 나는 동네 친구들과 하루 종일 놀고, 친구네 집에서 밥도 얻어먹고, 동화책을 읽으며 상상하는 것을 좋아했지.

지금은 나이가 들어 그때 친구들과 자주 만나지는 못하지만, 가끔씩 만날 때면 그 시절이 무척 그리워. 그래서 나는 이 책을 읽고 있는 어린이들이 너무도 부럽단다.

윌리엄 워즈워스라는 영국 시인은 〈무지개〉라는 시에서 "어린이는 어른의 아버지"라고 말했어. 왜 이렇게 말했을까? 바로 호기심 때문이야. 어린이는 뭔가 새로운 것을 발견하면 신기해하고 자세히 들여다보고, 알려고 하잖아. '왜'라는 질문을 달고 사는 것이 어린이지. 그런데 나이가 들면 안타깝게도 그런 호기심이 점점 사라져.

어린 시절의 순수함과 호기심이야말로 '철학'에서 가장 중요한 밑천이야. 그러니 어린이들은 순수함과 호기심으로는 최고 부자인 셈이지.

지금부터 우리는 10개의 주제로 철학을 해 볼 거야. 모두 우리의 생활 속에서 주제를 뽑았으니 어렵지는 않겠지? 그리고 그 주제로 고민했던 철학자들의 이야기도 들어볼 거야. 전부 이해하려 하지 말고 그냥 참고 사항 정도로 생각하렴. 무엇보다 중요한 것은 바로 '자기 생각'이니까.

이 책을 읽으면서 여러분 모두 생각을 예쁘게 잘 키웠으면 좋겠어. 그래서 나중에 어른이 되었을 때, 어린이에게 친절한 사람이 되었으면 더 좋겠고. 우리 모두 행복하자!

2025년 가을 가파도에서

 차례

① '나'는 누구일까? _정체성 / 9

② '왜?'라고 묻는 건 재미있어! _호기심과 질문 / 19

③ 착하다는 건 뭘까? _윤리와 도덕 / 27

④ 진짜일까, 가짜일까? _진리와 인식 / 37

⑤ 예쁘다는 건 뭘까? _미학 / 47

⑥ 공평하다는 건 뭘까? _정의 / 57

⑦ 상상력은 힘이 세! _상상력과 사고 / 67

⑧ 함께하면 왜 좋을까? _개인과 공동체 / 75

⑨ 시간은 어디로 가는 걸까? _시간과 변화 / 85

⑩ 행복이란 뭘까? _행복과 가치 / 95

인간은 다른 동물과는 달리 오래전부터 자신에 대해서 알고 싶어했어. 동물은 본능에 따라 살아가지만 인간은 생각하며 살아가거든. 특히 인간은 '나는 누구일까?'라는 질문을 하는, 아주 독특한 '종'이야.

고대 그리스 아테네에는 소크라테스라는 철학자가 살고 있었어. 그는 만나는 사람마다 "너 자신을 알라"고 충고하며 다니는 괴짜 철학자였지. 그는 인간이 동물은 가지지 못한 영혼이 있다고 생각했어. 영혼은 사라지지 않고 영원하다고 말했지. 그래서 소크라테스는 "네 영혼을 돌보라"라고도 했어.

여기서 우리가 눈으로는 볼 수 없는 '영혼'은, 바로 우리 마음속에 있는 생각, 우리가 느끼는 다양한 감정(기쁨, 슬픔, 즐거움, 화) 그리고 우리가 좋아하는 것(그림 그리기, 게임 하기, 친구들과 함께 뛰어놀기) 같은 특별한 마음의 움직임을 말하는 거야.

우리 각자의 겉모습은 키가 크거나 작고, 머리카락 색깔이 검거나 갈색이고, 좋아하는 옷 스타일도 다 다르지만, 마음속의 생각과 감정은 저마다의 아름다운 빛깔을 가진 아주 특별

한 존재야. 마치 똑같은 모양의 씨앗이 하나도 없듯이 말이야. 보이지 않는 마음의 씨앗이 바로 영혼인 거지.

영국의 철학자 존 로크는 우리의 마음이 처음 세상에 태어날 때는 '아무것도 쓰여 있지 않은 깨끗한 하얀 종이'와 같다고 비유했어. 우리가 자라면서 새로운 친구를 만나고, 맛있는 떡볶이를 먹고, 신나는 놀이기구를 타거나, 때로는 슬픈 영화를 보면서 그 하얀 종이에 다양한 경험들이 하나하나 소중하게 그려지는 것처럼, '나'라는 세상에 하나뿐인 특별한 이야기를 만들어가는 거지.

소크라테스가 영혼은 '인간이 본래부터 가지고 있는 것'이라고 생각했다면, 존 로크는 마음이 '점점 만들어져 가는 것'이라고 생각했어.

매일매일 조금씩 생각도 달라지고, 좋아하는 것도 바뀌는데 정말 변하지 않는 마음 깊은 곳의 내가 진짜 '나'일까, 아니면 매 순간 변해가는 모습이 모두 합쳐진 지금의 내가 진짜 '나'

일까 궁금해지지.

여러분은 어떤 이야기를 가진 '나'를 만들어가고 있어? 그리고 가장 '나'답다고 느낀 특별한 순간은 언제야? 친구들과 이야기를 나눠 보자.

소크라테스, 기원전 470년경~기원전 399년

서양철학사에서 가장 유명한 고대 아테네의 철학자 소크라테스는 "너 자신을 알라"는 말을 하고 다녔어. 고대 신전에 씌어져 있는 이 말은 "신 앞에서 겸손하라"는 뜻인데, 언제부터인가 "나는 누구인가?"라는 뜻으로 전파되었지.

소크라테스는 평생 진리를 찾아 묻고 답하는 삶을 살았어. 끊임없는 질문을 통해 진리를 탐구했던 거지. 하지만 사람들은 소크라테스가 사회 질서를 해치고 젊은이들을 타락시킨다며 고발했고, 결국 사형선고를 받고 독배를 마셨지. 그는 죽을 때도 "죽음이란 무엇인가?"를 물었다고 해.

존 로크, 1632~1704

17세기 영국의 철학자 존 로크는 인간의 마음이 태어날 때 백지 상태와 같으며, 경험을 통해 '나'라는 개념이 만들어진다고 주장했어. 그뿐만 아니라 "모든 사람은 태어날 때부터 생명, 자유 그리고 재산을 가질 권리가 있다."라는 주장도 펼쳤지. 또 정부는 사람들의 이러한 기본적인 권리를 지켜 주기 위해 만들어진 것이라는 주장도 했어. 정부가 이 권리를 지켜주지 못한다면 국민은 저항해도 된다고 생각했지. 그의 생각은 민주주의 발전에 큰 영향을 끼쳤어.

철학자에게 물어요!

만약 내가 다른 사람의 몸으로 바뀌게 된다면, 그래도 여전히 '나'일까요? 내 생각과 느낌은 그대로인데, 겉모습만 완전히 달라진다면요.

겉모습이 바뀐다 해도, 너의 생각과 마음이 너를 더 잘 나타내 줄 수 있을 거야. 몸이 바뀌어도 기억과 성격은 그대로일 테니까.

🧒 시간이 아주 많이 흘러서 내 생각과 좋아하는 것이 지금과 크게 달라진다면, 과거의 '나'와 지금의 '나'는 같은 사람일까요, 다른 사람일까요?

👴 우리는 계속 변하면서 성장해. 어른이 되면 완전히 다른 사람이 된 것처럼 느낄 수도 있지만, 과거의 경험이 모여서 지금의 너를 만든 것이기 때문에 이어져 있다고 볼 수 있지.

🧒 다른 사람들이 나를 부르는 이름, 나에 대해 이야기하는 것이 정말 '나'를 설명해 줄 수 있을까요? 그들의 생각과 내 생각은 다를 수 있잖아요.

👴 다른 사람의 생각은 너의 일부를 보여 줄 수 있지만, 전부를 설명할 수는 없어. 가장 중요한 건 네가 스스로를 어떻게 생각하고 느끼느냐지.

🧒 내가 좋아하는 것을 따라 하는 친구가 있다면, 그 친구는 '나'와 비슷한 걸까요, 아니면 그냥 나를 흉내 내는 걸까요?

👴 좋아하는 것이 같을 수는 있지만, 완전히 똑같은 사람은 없어.

겉모습은 비슷해 보일 수 있지만, 생각하는 방식이나 느끼는 감정은 다 다르거든.

 내가 되고 싶은 '나'가 되기 위해서는 무엇을 해야 할까요?
 네가 꿈꾸는 자신의 모습을 상상하고, 그걸 이루기 위해 아주 작은 것부터 노력하는 것이 중요해. 좋아하는 것을 좀더 탐구하고, 잘하고 싶은 것을 꾸준히 연습하는 것처럼.

 함께 읽으면 도움이 되는 책

《달라질 거야》, 앤서니 브라운, 미래엔아이세움
: 변화 속에서 나를 찾는 이야기.
《내 마음을 보여 줄까?》, 윤진현, 웅진주니어
: 감정 표현과 자기 이해의 과정.
《점》, 피터 H. 레이놀즈, 문학동네
: 남다름과 '나'의 소중함을 일깨워 준다.

② '왜?'라고 묻는 건 재미있어!
_호기심과 질문

"어린아이처럼 질문하라."
_파블로 피카소(스페인 화가)

아이들은 세상을 호기심의 눈으로 바라보고 수많은 질문을 해. 하늘에 반짝이는 별만 신기한 것이 아니라, 숲속에서 자라는 많은 나무, 벌레, 동물이 다 신기하지. 물속에 사는 물고기들은 어떻게 숨을 쉴까? 하늘을 나는 새는 무섭지 않을까? 왜 인간은 발이 두 개인데, 지네는 발이 그렇게 많을까? 궁금한 것이 너무 많고 신기한 것도 너무나 많아.

고대 그리스의 멋쟁이 철학자 아리스토텔레스는 "놀라움이야말로 철학의 시작이다"라고 말했어. 누군가에 대한 호기심, 놀라움, 궁금증이 그 사람을 알고 싶게 만들고, 그 사람에 대해 생각하게 만들지. 누군가를 좋아해 본 사람이라면 이 말이 무슨 뜻인지 알 거야.

우리 주변의 신기하고 이해하기 어려운 것들을 보면서 "왜 그럴까?" 하고 곰곰이 생각하고 질문하는 마음 자체가, 바로 우리가 세상을 배우고 더 깊이 이해하는 가장 멋진 첫걸음이야. 마치 우리가 세상을 더 잘 보기 위해 특별한 마법 안경을 쓰는 것과 같은 거지.

고대 중국의 철학자 공자도 "묻기를 부끄러워하지 마라"라는 아주 중요한 가르침을 주었어. 잘 모르는 것을 숨기거나 아는 척하기보다, "왜 그런 거야?" 하고 용기 내어 질문하는 것이 훨씬 더 세상을 넓게 알아가는 지름길이란 말이지.

살다 보면 "저건 왜 그럴까?" 하고 궁금한 게 있었을 거야. 그때 어떤 기분이었어? 지금은 그 질문의 답을 찾았어? 아직 못 찾았다면 지금이라도 질문으로 새로운 세상을 발견해 보면 어떨까?

아리스토텔레스, 기원전 384~기원전 322

아리스토텔레스는 "모든 인간은 본성적으로 알기를 원한다"라고 말하며 인간의 근본적인 탐구욕과 지식에 대한 갈망을 강조했어. 그는 알렉산더 대왕의 스승이기도 했지. 아리스토텔레스는 고대 그리스 철학자 중에서도 가장 많은 것을 알고, 가장 많이 연구한 백과사전과 같은 철학자였어. 철학뿐 아니라 정치, 윤리, 문학 등 거의 모든 학문에 영향을 주었지.

공자, 기원전 551~기원전 479

고대 중국의 철학자 공자는 "아랫사람에게 묻는 걸 부끄러워하지 말라"고 말하며 모르는 것을 솔직하게 인정하고 질문하는 태도의 중요성을 강조했어. 그리고 스스로 "나는 무엇을 아는가? 나는 아무것도 모른다"라고 고백했지. 그리고 제자인 자로에게 "모르는 것을 모른다고 말하고 아는 것을 안다고 하는 것, 이것이 진정한 앎이다"라고 설명했어.

공자는 평생을 공부하면서 모르는 것을 묻고, 알고 있는 것을 가르치는 스승의 삶을 살았어. 공자의 생각이 담겨 있는 책이 《논어》야.

철학자에게 물어요!

- 세상에 답이 없는 질문도 있을까요? 만약 있다면, 그런 질문은 왜 하는 걸까요?
- 맞아. 답이 아직 밝혀지지 않았거나, 여러 가지 답이 있을 수 있

는 질문도 많지. 하지만 그런 질문을 통해 우리는 더 깊이 생각하고 새로운 가능성을 발견할 수 있어.

🧒 왜?'라고 계속 질문하면 사람들이 귀찮아하지 않을까요? 그래도 궁금한 건 참으면 안 되나요?

👴 물론 너무 많이 질문하면 잠깐 귀찮아할 수도 있겠지. 하지만 정말 궁금한 건 참지 말고 물어보는 게 좋아. 질문이야말로 배울 수 있는 가장 좋은 방법 중 하나거든.

🧒 어른들은 왜 질문을 잘 안 하는 걸까요?

👴 어른들은 이미 많은 것을 알고 있다고 생각하거나, 바빠서 질문하는 것을 잊어버렸기 때문일 수 있어. 하지만 끊임없이 질문하는 것은 나이와 상관없이 중요해.

🧒 인공지능처럼 모든 질문에 대한 답을 다 알게 된다면, 세상이 더 재미있을까요, 아니면 지루할까요?

👴 모든 답을 다 안다면 호기심은 사라질 수 있겠지만, 알고 있는 지식을 활용해 더 멋진 것을 할 수 있을지도 몰라. 상상하기 나름이겠지.

내가 생각하는 '왜?'에 대한 답이 다른 사람과 다르다면 누구의 답이 맞는 걸까요?

 어떤 질문에는 정해진 답이 있지만, 어떤 질문에는 여러 가지 답이 있을 수 있어. 그러니 네 생각도 충분히 가치 있는 답이 될 수 있을 거야.

 함께 읽으면 도움이 되는 책

《질문하는 아이》, 박종진, 소원나무
   : 엉뚱하지만 세상을 넓히는 아이의 질문 모험.
《10대를 위한 사피엔스》, 벵트 에릭 엥홀름, 미래엔아이세움
   : 한 번에 정리하는 재미있는 인류 문명의 역사
《초등 호기심 백과》, 봉현주, 삼성출판사
   : 왜? 라는 질문을 멈추지 않는 초등학생을 위한 백과사전.

착하다는 건 뭘까?
_윤리와 도덕

"한 사람이 웃으면 온 세상이 함께 웃는다."
_아프리카 속담

착한 일을 하면 칭찬을 받고, 칭찬을 받으면 기분이 좋아지지. 반대로 나쁜 일을 하면 욕을 먹고, 욕을 먹으면 기분이 나빠져. 그렇다면 우리는 칭찬을 받으려고 착한 일을 하는 것일까? 아니면 칭찬을 받는 것과 상관없이 착한 일을 하는 것일까?

독일의 철학자 임마누엘 칸트는 "인간은 그 자체로 목적이지, 결코 다른 목적을 위한 수단으로 취급되어서는 안 된다"고 말했어. 조금 어렵지만 아주 중요한 말이야. 넘어진 할머니나, 할머니를 도운 아이 그리고 우리 모두는 그 누구의 물건이나 도구가 아닌, 그 자체로 아주 소중하고 존중받아야 하는 특별한 존재라는 뜻이야.

칸트는 밤하늘의 빛나는 별처럼 우리 마음속에는 '양심'이라는 게 있고, 양심이 우리의 생각과 생활을 착한 쪽으로 이끈다고 생각했어.

중국의 유학자 맹자는 "사람은 누구나 남의 불행을 차마 보지 못하는 마음을 가지고 있다"는 아주 따뜻한 말을 남겼지. 맹

자는 마음에 대해 많은 이야기를 했어. 인간의 마음속에는 남을 불쌍히 여기는 마음, 부끄러워할 줄 아는 마음, 양보할 줄 아는 마음, 옳고 그름을 따질 줄 아는 마음이 씨앗처럼 자리 잡고 있다는 거지. 이 마음의 씨앗을 잘 키워 열매를 맺으면 훌륭한 사람이 되고, 잘못 키워 열매를 맺지 못하면 속 좁고 옹졸한 사람이 된다는 거야.

우리는 모르는 사람일지라도 다친 것을 보면 걱정하고 도와주고 싶어 해. 다른 사람이 힘들어하는 것을 보면 안타까워하지. 이것은 우리 마음속에 착하고 아름다운 씨앗이 심어져 있기 때문이야.

슬퍼하거나 힘든 일을 겪고 있는 친구를 보면 어떤 마음이 들어? 따듯한 용기와 위로를 건네고 싶다고? 여러분의 마음속에도 아름다운 씨앗이 자라고 있네. 누군가를 이유 없이 도와준 경험이 있다면 그때 어떤 기분이었는지 서로 이야기를 나눠 보자.

임마누엘 칸트, 1724~1804

독일의 계몽주의 철학자 칸트는 "세상에서 가장 아름다운 것은 밤하늘에 빛나는 별들과 내 마음속의 양심이다"라고 말하면서 인간이라면 누구나 양심을 가지고 있다고 주장했어. 그는 인간이 착한 행동을 하는 것은 뭔가 대가를 바라고 하는 것이 아니라 양심에 따른 것이라고 여겼지. 양심에 따르는 행동은 '조건이 없는 명령을 따르는 것과 같다'는 거지. 이것을 어려운 말로 '정언 명령'이라고 해.

또한 칸트는 인간 이성의 힘을 중요하게 생각하면서, 인간을 인간답게 만드는 핵심이 바로 이성이라고 강조했어.

맹자, 기원전 372~기원전 289

중국의 유학자 맹자는 인간의 본성은 본래 착하다는 '성선설'을 주장했어. 그리고 착한 마음을 키워서 성인이 되어야 한다고 생각했지. 높게는 임금으로부터 아래로 백성에 이르기까지 착한 마음을 잘 키워 훌륭한 사람이 되어야 하고, 그 착한 마음을 실천해 훌륭한 사회, 아름다운 나라를 만들어야 한다고 강조했지. 맹자는 자신의 생각을 알리기 위해 전국을 돌아다니며 왕과 권력자들을 설득했어. 고향으로 돌아온 뒤에는 제자들과 함께 자신의 생각을 담은 《맹자》라는 책을 썼어.

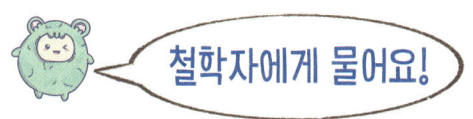

철학자에게 물어요!

- 나에게 친절하게 대하는 사람에게만 착하게 대해야 할까요? 나를 괴롭히는 사람에게도 착하게 대해야 할까요?
- 너에게 친절한 사람에게 착하게 대하는 건 쉬운 일이지. 하지만 때로는 너를 힘들게 하는 사람에게도 너그러운 마음을 가지려고 노력하는 것이 더 큰 용기란다.

- 규칙을 어기는 것도 때로는 착한 행동이 될 수 있을까요? 예를 들어 출입금지 구역에 다친 동물을 구하러 들어가는 것처럼요.
- 규칙은 모두가 함께 잘 지내기 위해 꼭 필요하지만, 아주 특별한 상황에서는 규칙보다 더 중요한 가치가 있을 수 있어. 하지만 신

중하게 생각해야 한다는 걸 잊지 마.

착한 행동을 하면 항상 보상이나 칭찬을 받아야 할까요?

꼭 그렇진 않아. 누가 알아 주지 않아도, 착한 행동은 그 자체로 의미가 있어. 네 마음속에 남는 따뜻함이 가장 큰 보상이 될 수 있지.

착하다는 건 언제나 남에게 양보하는 걸 뜻하나요?

양보는 착한 행동일 수 있지만, 무조건 남에게 맞추는 것이 착한 건 아니야. 정직하게 말하고, 다른 사람을 존중하면서도 스스로를 지키는 것이 중요하지.

내가 생각하는 착한 행동과 다른 사람이 생각하는 착한 행동이 다를 수 있을까요? 누구의 기준이 더 중요한 걸까요?

착하다는 것은 여러 의미를 가질 수 있어. 물론 모두가 동의하는 기본적인 착한 행동은 있지. 하지만 서로의 생각을 얘기하면서 이해하려고 노력하는 것도 매우 중요해.

왜 우리는 착한 사람이 되어야 할까요? 착하게 행동하면 우리에게 어떤 좋은 점이 있을까요?

착하게 행동하면 다른 사람들도 너를 좋아하고 믿게 되겠지. 무엇보다 네 스스로 뿌듯함과 행복한 마음을 느낄 수 있을 거야.

만약 내가 착한 행동을 했는데 오히려 나쁜 결과가 돌아온다면, 그래도 계속 착하게 행동해야 할까요?

때로는 착한 행동이 예상치 못한 나쁜 결과를 가져올 수도 있지. 하지만 길게 보면 착한 마음과 행동은 결국 좋은 결과를 가져다 줄 거야.

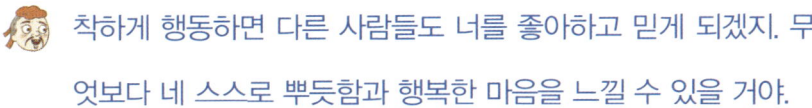 함께 읽으면 도움이 되는 책

《어린이를 위한 정의란 무엇인가》, 안미란, 주니어김영사
  : 정의와 올바름을 초등학생 눈높이에서 고민하게 해준다.
《화 잘 내는 법》, 시노 마키, 뜨인돌어린이
  : 화를 잘 내는 법을 익히기.
《스피노자, 퍼즐을 맞추다》, 김경윤, 탐
  : 일상 속에서 행복의 퍼즐을 맞추는 철학 소설

진짜일까, 가짜일까?
_진리와 인식

4

"보이는 것이 전부가 아니다."
_생텍쥐페리(프랑스 작가)

마술 공연을 보고 나면 우리가 의심 없이 보고 느끼는 것이 모두 가짜가 아닐까 생각하게 돼. 혹시 지금 이 모든 것이 꿈이 아닐까? 어느 날 갑자기 꿈에서 깨어나면 어떻게 될까? 이런 생각하니 조금은 무섭고, 조금은 걱정스럽지. 도대체 뭐가 진짜고 뭐가 가짜일까?

'근대 철학의 아버지'라 불리는 프랑스 철학자 르네 데카르트는 "감각은 때때로 우리를 속이며, 한 번이라도 우리를 속인 것을 완전히 신뢰하는 것은 신중하지 못하다"라고 말했어. 우리가 눈으로 보고, 귀로 듣고, 손으로 만지는 세상이 실제가 아닐 수 있다는 뜻이지. 장님이 코끼리를 만지는 것처럼 말이야. 크기가 아주 큰 코끼리는 만지는 부분만으로는 무엇인지 정확히 알 수 없어. 어떤 장님은 코를 만지며 호스 같다고 말하고, 어떤 장님은 다리를 만지며 기둥이라고 말하고, 어떤 장님은 배를 만지며 보트 같다고 말할 수 있거든.

이야기를 좋아하는 중국의 철학자 장자는 어느 날 꿈을 꾸

었어. 꿈속에서 훨훨 나는 아름다운 나비였는데, 깨어나 보니 평범한 사람이었지. 장자는 제자들에게 이 이야기를 들려주면서 "대저 큰 꿈은 깨어나면 비로소 꿈이었음을 안다. 지금 우리가 꾸는 꿈도 깨어나면 또한 알게 될 것이다"라는 신기한 이야기를 했지. 꿈에서 깨어나면서 현실인 줄 알았는데, 내가 현실이라고 생각하는 것도 또한 꿈일지 모른다는 이야기야. 꿈속에서 또 꿈을 꿀 수도 있잖아.

우리가 지금 '진짜'라고 굳게 믿고 있는 이 세상이, 어쩌면 아주 길고 커다란 꿈속일 수도 있다는 흥미로운 상상을 해본 적 있니? 만약 그렇다면 꿈속의 '나'와 진짜 '나'는 어떤 관계를 가지고 있을까?

르네 데카르트, 1596~1650

데카르트는 "나는 생각한다, 고로 존재한다"라는 말로 유명한 근대 철학의 아버지야. 그는 무조건 믿지 말고 확실한 지식의 근거를 찾으라고 말했지. 그런 의미에서 데카르트는 의심 많은 회의

주의 철학자였어. 그는 감각의 오류 가능성을 지적하며 우리가 인식하는 것이 항상 '진짜'인지 질문을 던졌지. 그래서 자신의 감각에서 생겨난 생각을 함부로 믿지 말고, 항상 의심해야 한다고 강조했어.

장자, 기원전 369~기원전 286

장자는 중국 춘추전국 시대의 철학자야. 세상의 법칙이나 법보다는 자연 그대로를 따르는 삶을 강조했어. 특히 장자는 꿈과 현실의 경계가 분명하지 않음을 이야기하며 우리가 인식하는 '진짜'가 절대적인 것이 아닐 수 있다고 말했어. 이것은 우리가 겪는 환상, 꿈, 착각 등의 경험을 통해 '진짜'와 '가짜'의 구분이 쉽지 않을 수도 있다는 생각을 해 보라는 거야.

이런 생각은 우리가 좀 더 열린 마음과 생각을 갖도록 도와줘. 장자는 좁은 현실이나 생각에 갇혀 힘들어하지 말고 열린 생각과 열린 마음으로 더욱 큰 세계를 상상하며, 그 상상이 현실이 될 수 있도록 즐겁게 살라고 말하기도 했어.

철학자에게 물어요!

내가 아주 좋아하는 텔레비전 프로그램이나 게임 속 세상도 나에게는 정말 진짜처럼 느껴져요. 이것은 진짜일까요, 가짜일까요?

텔레비전이나 게임 속 세상은 재미있고 실감나지만 현실 세계와는 다른, 약속된 규칙과 모습으로 만들어진 가짜야.

모든 사람이 똑같이 '진짜'라고 믿는 것이 정말로 '진짜'일까요? 옛날 사람들은 지구가 평평하다고 믿었는데, 지금은 아니잖아요.

많은 사람들이 믿는다고 해서 모두 '진짜'는 아니지. 새로운 발견이나 생각을 통해 우리의 믿음은 바뀔 수 있거든. 그래서 끊임없이 배우고 생각하는 것이 중요해.

내 눈앞에 있는 물건이 정말로 존재하는 것인지 어떻게 확신할 수 있을까요? 혹시 내가 착각하고 있는 건 아닐까요?

우리가 세상을 인식하는 방법은 여러 가지야. 눈으로 보고, 손으로 만지고, 귀로 듣는 경험 그리고 깊이 생각하는 것을 통해 우리는 세상이 '진짜'라고 믿게 되는 거야.

🙎 거짓말은 왜 나쁜 걸까요? 때로는 다른 사람을 기분 좋게 하려고 하는 '하얀 거짓말'도 나쁜 걸까요?

👴 거짓말은 다른 사람을 속이고 믿음을 깨뜨리기 때문에 나빠. 하얀 거짓말이라도 결국 진실을 가리는 것이므로 조심해야 해.

🙎 미래에 과학 기술이 더 발전하면, 지금은 가짜라고 생각하는 것들이 정말 '진짜'가 될 수도 있을까요?

👴 과학 기술이 발전하면 상상했던 것들이 현실이 될 수 있어. 하지만 중요한 건 우리가 무엇이 '진짜'이고 무엇이 중요한지 스스로 확인하고 결정해야 한다는 거야.

 함께 읽으면 도움이 되는 책

《늑대가 들려주는 아기 돼지 삼 형제》, 존 셰스카, 보림
 : 관점에 따라 달라지는 진실의 의미.
《거짓말》, 나카가와 히로타카, 길벗어린이
 : 거짓말의 여러 얼굴과 결과를 생각하게 한다.
《어린이가 알아야 할 가짜 뉴스와 미디어 리터러시》, 채화영, 팜파스
 : 정보를 비판적으로 생각하는 힘을 기르도록 돕는다.

5 예쁘다는 건 뭘까?
_미학

"자연은 항상 옳다."
_ 장 자크 루소(프랑스 철학자)

아름답다, 추하다는 판단은 사람마다 달라. 어떤 사람은 사물 그 자체에서 아름다움을 찾으려 하기도 하고, 어떤 사람은 그 사물을 바라보는 사람의 마음에서 아름다움의 기준을 찾으려고 하지. 그렇다면 과연 아름다움은 어디에 있으며, 어떤 것이 아름다움일까?

영국의 경험주의 철학자 데이비드 흄은 "아름다움은 사물 자체에 있는 성질이 아니라, 그것을 바라보는 정신 속에 존재한다"라고 말했어. 이 말은, 꽃이 아름다워서 아름다운 것이 아니라, 꽃을 바라보는 사람의 마음이 아름다워서 아름답다고 느낀다는 거야. 만화 속 할머니의 눈에 돌이 아름답게 보이는 건, 돌 자체에 '예쁨'이라는 특별한 것이 있어서가 아니라, 그 돌을 바라보는 할머니의 마음이 그것을 아름답다고 느끼기 때문이라는 거지.

중국의 고대 철학자인 노자는 "큰 아름다움은 꾸밈이 없다"라고 말했어. 우리가 생각하기에 화려하고 예쁜 꽃이 아름다운

것 같지만, 길가에 피어난 작은 들꽃 한 송이나 반짝이는 조약돌에서도 우리는 충분히 아름다움을 발견할 수 있다는 뜻이지. 즉 자연 그 자체에서 아름다움을 찾으라는 거야. 우리의 마음은 늘 이리저리 변하지만, 자연은 늘 그대로 그 자리에 있잖아. 하늘도, 땅도, 나무도, 새도, 물고기도, 고양이도, 강아지도, 벌레도, 심지어는 우리 자신도 그 모습 그대로 아름다운 거지.

여러분이 어떤 걸 볼 때 예쁘다고 느껴? 게임 캐릭터? 아이돌 스타? 아니면 엄마의 얼굴? 왜 예쁘다고 느끼는지 그 이유도 생각해 보자.

데이비드 흄, 1711~1776

영국의 철학자인 데이비드 흄은 아름다움이 객관적인 속성이 아니라 주관적인 '취향'의 문제라고 주장했어. 즉 사람마다 아름다움을 느끼는 기준이 다를 수 있다는 거야. 이 말은 내가 예쁘다고 생각하는 것이, 다른 사람이 예쁘다고 생각하는 것과 다를 수 있으므로 무엇이 더 옳은지는 판단할 수 없다는 말이지. 또한 흄은 우리가 알고 있는 모든 지식은 경험에서 온 것이며, 경험이 쌓여 '나'가 된다고 생각했어.

노자, 기원전 571년경~기원전 471년경

중국 춘추시대 철학자 노자는 인위적으로 꾸민 것보다 자연스럽고 소박한 아름다움을 더 중요하게 생각했어. 장자와 같이 자연 그대로 살아가는 것을 주장한 철학자지. 노자는 겉모습이 아니라 본래의 자연스러운 모습을 더 귀하게 여기며, 정치든, 삶이든, 판단이든, 자연스러움을 되찾는 게 제일 중요하다고 주장했지. 화려하고 현란한 게 넘치는 요즘 시대야말로 단순함과 소박함을 지키려는 장자의 태도가 더 필요하지 않을까?

철학자에게 물어요!

- 나는 화려하고 반짝이는 것이 예쁜데, 왜 친구는 수수하고 자연스러운 것을 예쁘다고 하는 걸까요?
- 사람들이 좋아하는 것은 모두 다르기 때문이야. 자라 온 환경, 경험 그리고 마음속에 있는 생각이 모두 다르게 영향을 줄 수 있지.

- 만약 세상에 똑같은 게 하나도 없다면, 어떤 것이 더 예쁘다고 말할 수 있을까요? 모든 것이 다 특별한데.
- 모두 특별하기 때문에 어떤 것이 더 예쁘다고 딱 잘라 말하기는 어려워. 네 마음에 더 끌리는 것, 보면 기분이 좋아지는 것이 너에게 가장 예쁜 것이지.

- 예쁘다는 것은 시간이 지나면 변할 수도 있을까요? 옛날에는 예쁘다고 생각했던 옷이나 노래가 지금은 촌스럽게 보이잖아요.
- 사람들의 생각이나 유행은 계속 변하기 때문에, 예쁘다고 느끼는 것도 세월에 따라서 변할 수 있어.

예쁘지 않은 것에서도 아름다움을 발견할 수 있을까요? 예를 들어 낡고 오래된 물건이나 슬픈 노래에서도 느껴지는 감동처럼요.

물론이야. 아름다움은 단순히 보이는 모습뿐만 아니라, 그것이 가지고 있는 이야기나 느껴지는 감정에서도 찾을 수 있어.

만약 모든 사람이 똑같은 것만 예쁘다고 생각한다면, 세상은 어떻게 될까요? 지금처럼 다양하고 재미있을까요?

글쎄. 모두 똑같은 것만 좋아한다면 아마 심심하겠지? 서로 다른 아름다움을 발견하고 존중하기 때문에 세상이 더 다채롭고 흥미로운 거니까.

함께 읽으면 도움이 되는 책

《제각기 자기 색깔》, 레오 리오니, 분도출판사
: 다름에서 오는 존재의 아름다움을 그린 그림책.

《너는 어떤 씨앗이니?》, 최숙희, 책읽는곰
: 세상 모든 존재의 서로 다른 아름다움.

《넌 아름다워》, 이상은 · 서평화, 노란상상
: 우리가 누리는 모든 것의 아름다움을 그려냄.

6 공평하다는 건 뭘까?
_정의

"늦어도 정의는 온다."
_월터 새비지 랜더(영국 시인, 작가)

친구들에게 과자를 똑같이 나누어 주는 것이 공평한 걸까? 때로는 필요한 친구에게 더 주는 것이 공평한 걸까?

그렇다면 토끼와 거북의 달리기 경주는 처음부터 불공평한 경주가 아니었을까? 만약 시합이 달리기가 아니라 헤엄치기였다면 토끼는 여전히 거북보다 빨리 헤엄칠 수 있었을까?

이 문제에 대해 고민해 왔던 사람은 미국의 철학자 존 롤스였어. 그는 "정의로운 사회란 모든 시민에게 기본적인 자유와 기회를 평등하게 보장하고, 사회적·경제적 불평등은 가장 불리한 처지에 있는 사람에게 최대의 이익이 되도록 조정하는 사회"라고 말했어. 모든 사람에게 공평하게 대하되, 불평등한 조건에서는 가장 힘든 사람에게 이익이 되도록 해야 한다는 말이지.

공평함은 단순히 모든 사람에게 똑같은 것을 똑같이 나누어 주는 것만이 아니라, 키가 큰 사람과 작은 사람처럼, 각자가 가진 서로 다른 조건을 이해하고 배려하면서, 모두에게 정당한 기회를 주는 것일 거야.

고대 중국에서도 이 문제로 고민한 철학자가 있었어. 바로 묵자야. 그는 "다른 사람의 나라를 자기 나라처럼 보고, 다른 사람의 집안을 자기 집안처럼 보고, 다른 사람의 몸을 자기 몸처럼 여기는 것, 이것이 바로 차별 없는 사랑(겸애)이다"라고 말했어. 세상의 불평등과 불공평을, 배려와 사랑으로 극복하자고 주장한 것이지.

만약 우리 모두가 다른 사람을 나의 소중한 가족이나 친구처럼 생각한다면, 세상은 지금보다 훨씬 더 공평하고 따뜻한 곳이 되지 않을까? 여러분은 학교나 집에서 공평하다고 생각했던 때가 있어? 아니면 반대로 불공평하다고 느꼈던 때는? 친구들과 이야기를 나눠 봐.

존 롤스, 1921~2002

미국의 철학자 존 롤스는 "정의는 사회 제도의 가장 중요한 덕목"이라고 말했어. 그는 '무지의 베일'이라는 생각 실험을 제안했어. 이 실험은 내가 부자일지, 가난할지, 건강할지, 장애인일지

전혀 모르는 상태에서, 세상을 운영하기 위한 공정한 규칙을 세워보는 거야. 아마 사람들은 자신이 불리한 위치에 놓일 수도 있기 때문에 누구에게나 안전하고 불이익이 없는 규칙을 선택하게 될 거야. 롤스는 이런 과정을 통해 만들어진 규칙이야말로 공정한 것이라 주장했어.

묵자, 기원전 470년경~기원전 391년경

고대 중국 춘추시대 말기에 활동한 철학자이자 실천가인 묵자는 '겸애(모든 사람을 차별 없이 사랑하는 것)'를 주장하며 사회적 평등과 공정한 대우를 강조했어. 윗사람이나 아랫사람 할 것 없이 열심히 일하고, 서로 사랑하고, 차별 없이 대한다면 전쟁 따위는 일어나지 않으며, 평화롭고 평등한 사회를 만들 수 있다는 거야. 묵자는 같은 생각을 가진 사람들과 이런 세상을 만들기 위해 열심히 노력했어. 아는 것에 그치지 않고 실천에 옮긴 묵자의 태도는 이후 많은 사람에게 영향을 주었지.

철학자에게 물어요!

- 규칙을 만드는 사람은 항상 공평하게 만들까요? 만약 규칙이 공평하지 않다고 생각되면 어떻게 해야 할까요?
- 규칙을 만드는 사람도 실수할 수 있어. 만약 규칙이 공평하지 않다고 생각되면, 왜 그렇게 생각하는지 이야기하고 더 나은 규칙을 함께 만들어 볼 수 있지.

- 가끔은 모두를 똑같이 대하는 것이 오히려 불공평한 결과를 가져올 수 있지 않나요? 특별한 도움이 필요한 친구를 똑같이 대하는 것처럼요.
- 맞아. 공평은 똑같이 나누는 것뿐만 아니라, 각자에게 필요한 것을 다르게 제공하는 것을 의미하기도 해.

- 잘못한 정도가 다른데 똑같이 벌을 주는 것은 공평한 것일까요?
- 아니지. 잘못한 정도에 따라서 벌의 크기도 달라야 더 공평하다고 할 수 있어. 똑같은 벌은 오히려 불공평한 거야.

부자와 가난한 사람에게 똑같은 규칙을 적용하는 것은 공평할까요? 규칙을 지키는 것이 서로 다르게 느껴질 수 있잖아요.

그렇지. 똑같은 규칙이지만 상황에 따라 다르게 느껴질 수 있어. 공평은 모두 같은 출발선에서 시작할 수 있도록 돕는 것일 거야.

미래에는 인공지능이 규칙을 만들고 벌을 줄 수도 있을까요? 그리고 인공지능은 항상 공평하게 판단할까요?

인공지능은 정해진 규칙대로 판단하겠지. 하지만, 세상에는 규칙만으로는 판단하기 어려운 복잡한 상황도 많아. 그러니까 사람의 마음과 생각을 이해하는 것이 더 중요해질 거야.

 함께 읽으면 도움이 되는 책

《모두 소중해》, 리사 칼리오, 뜨인돌
: 세상에 존재하는 모든 것들이 지니고 있는 가치.

《우리 반 눈물 규칙》, 김리하, 토끼섬
: 우는 것에도 규칙을 정할 수 있을까?

《세상을 바꾼 용기 있는 아이들》, 제인 베델, 꼬마이실
: 정당하지 못한 현실을 변화시키기 위해 싸운 21명의 어린이 이야기.

상상력은 힘이 세!
_상상력과 사고

"생각하는 대로 살지 않으면, 사는 대로 생각하게 된다."
_ 폴 부르제(프랑스 작가)

우리는 가끔 엉뚱하고 신기한 상상을 해. 상상은 현실을 벗어나 놀랍고 재미난 세상을 만들어 주기도 하고, 멋진 미래를 보여 주기도 하지. 과거에는 상상 속에서만 가능했던 비행기, 잠수함, 로켓도 이제는 모두 상상력 덕분에 현실이 되었어.

프랑스의 현대 철학자 가스통 바슐라르는 "상상력은 현실을 장식하는 능력이 아니라, 현실을 창조하는 능력이다."라는 멋진 말을 했어. 바슐라르는 과학철학자이기도 했지. 과학의 영역에서도 상상력이 아주 큰 역할을 하거든.

머릿속에서 자유롭게 펼쳐지는 멋진 우주여행과 하늘을 나는 로봇처럼, 우리가 마음껏 꿈꾸고 상상하는 것이 새로운 발명품의 기발한 아이디어가 되거나, 감동적이고 재미있는 이야기의 첫 페이지가 될 수 있어. 상상력은 우리 마음속에 무지개처럼 다채로운 에너지를 만들어내는 발전소와 같아.

앞에서 소개했던 장자의 꿈 이야기를 다시 해 보면, 장자는 꿈속에서 아름다운 나비가 되어 자유롭게 이곳저곳으로 훨훨

날아다녔어. 그는 "꿈속에서는 부귀영화를 누리다가 깨어나서는 시름에 젖을 수도 있고, 꿈속에서는 슬피 울다가 깨어나서는 사냥이나 놀이를 즐길 수도 있다."라고 말하며 현실과 상상을 자유롭게 넘나드는 놀라운 상상력의 힘을 보여 주었어.

책을 읽으면서, 친구와 이야기를 나누면서, 때로는 가만히 앉아서 신나고 재미있는 상상을 많이 해 봤을 거야. 그 상상이 여러분을 성장시키고, 멋진 어른으로 만들어 준다는 걸 잊지 마. 지금은 어떤 상상을 하고 있니?

가스통 바슐라르, 1884~1962

바슐라르는 과학적 상상력과 문학적 상상력의 중요성을 강조한 철학자야. 그는 상상력을 통해 현실을 새롭게 인식하고 창조적인 생각을 할 수 있다고 보았지. 바슐라르는 철학과 과학에 상상력을 불어넣었어. 이전 과학자들은 상상력을 엉뚱한 짓이라고 치부했지만 그는 상상력이야말로 과학을 발전시킬 수 있는 가장 중요한 능력이라고 믿었어. 그래서 그를 '상상력의 과학철학자'라고 부르기도 해.

장자, 기원전 369~기원전 286

중국 전국시대 철학자 장자는 '나비의 꿈' 이야기를 통해 현실과 상상의 경계를 넘나드는 자유로운 사고의 중요성을 보여 주었어. 그는 틀에 갇힌 사고에서 벗어나 상상력을 발휘하는 것이 진정한 자유와 깨달음에 이르는 길이라고 생각했지. 그의 책《장자》를 보면 온갖 상상력으로 빚어낸 멋진 이야기가 많아. 자연스럽고, 자유롭게, 억지로 애쓰지 말고 살아가라는 내용이 여러 가지 비유와 이야기로 실려 있어.

 철학자에게 물어요!

 만약 상상하는 것이 현실이 된다면 어떤 일이 벌어질까요? 그러

면 좋은 상상만 해야 하는 걸까요?

🧑 상상이 현실이 된다면 정말 신나겠지. 하지만 나쁜 상상도 현실이 될 수도 있으니 이왕이면 긍정적인 상상을 하는 것이 더 좋을 것 같아.

🧑 어른이 되면 상상력이 점점 사라지는 것 같아요. 왜 그럴까요? 상상력을 계속 키우는 방법은 없을까요?

🧑 어른들은 현실적인 문제에 집중하느라 상상력을 덜 사용할 수 있어. 하지만 책을 읽거나, 그림을 그리거나, 여행을 떠나거나, 새로운 것을 배우는 것처럼, 계속 상상력을 자극하는 활동을 하면 나이와 상관없이 상상력을 키울 수 있단다.

🧑 상상 속에서는 무엇이든 만들 수 있는데, 왜 현실에서는 그렇게 하기 어려울까요?

🧑 현실 세계에는 여러 가지 제약이 있기 때문이야. 재료도 필요하고, 과학 법칙도 따라야 하고. 하지만 상상력은 어떤 걸림돌도 뛰어넘는 아이디어를 만들어낼 수 있게 도와주지.

🧑 만약 모든 사람이 똑같은 상상만 한다면 세상은 어떻게 될까요?

흠, 그렇다면 새로운 아이디어나 발전은 없을 거야. 서로 다른 상상을 나누고 합칠 때 더 멋진 것들이 만들어질 수 있거든.

상상력이 뛰어난 사람들은 현실 세계를 살아갈 때도 더 유리할까요?

물론이지! 상상력이 풍부하면 문제를 새로운 관점에서 보고 해결하거나, 남들이 생각하지 못하는 아이디어를 떠올릴 수 있어서 도움이 돼.

 함께 읽으면 도움이 되는 책

《구름빵》, 백희나, 한솔수북
 : 상상력이 현실을 변화시키는 동화.
《수박 수영장》, 안녕달, 창비
 : 일상과 환상을 넘나드는 아이의 상상 경험.
《생각하는 ㄱㄴㄷ》, 이지원, 논장
 : 한글 놀이와 상상, 시적 감성이 어우러진 그림책.

8 함께하면 왜 좋을까?
_개인과 공동체

"함께하는 기쁨은 두 배의 기쁨이다."
_요한 볼프강 폰 괴테(독일 작가, 철학자)

책을 읽으며 책 속 주인공들과 함께 신나는 모험을 떠나고, 비밀을 풀어나가는 시간이 소중하고 행복할 수 있어. 하지만 운동장에서 친구들이 함께 놀며 밝게 웃는 소리를 들으면, '혼자 책 읽는 게 좋긴 하지만 친구들이랑 노는 것도 즐겁지 않을까?'라는 생각이 들기도 하지. 그리고 막상 친구들과 어울리면서 신나게 놀고 나면 정말 기분이 좋아.

혼자서 책을 읽을 때도 좋았고 함께 놀 때도 좋았다면, 과연 나는 '혼자'가 좋은 걸까? '함께'가 좋은 걸까?

고대 아테네의 박학다식한 철학자 아리스토텔레스는 "인간은 본성적으로 사회적 동물이다"라고 말했어. 혼자만의 조용한 시간 속에서 편안함을 느끼는 것도 중요하지만, 친구들과 함께 웃고 이야기하며, 서로 도와주고 배우고, 함께 목표를 이루어가는 과정에서 우리는 더욱 풍요롭고 행복한 삶을 살아갈 수 있다는 뜻이야.

인간은 태어날 때부터 혼자 살아갈 수 없는 사회적인 동물이거든. 혼자가 된다는 것은 고립을 뜻하고, 고립은 외로움을 스

스로 불러들이는 행동이지. 아무리 혼자 있는 것이 좋아도 혼자서 모든 것을 할 수는 없어.

고대 중국의 유교 경전 중 하나인 《예기》에는 "혼자서는 덕을 이루기 어렵고, 반드시 무리[친구]가 있어야 한다"라는 가르침이 있어. 인간 사회를 이루려면 많은 사람들과 협력하고 노력해야 한다는 말이지.

혼자 책 속 세상에 빠져서 느끼는 즐거움도 크지만, 친구들과 함께 땀 흘리며 신나게 뛰고, 서로의 생각과 감정을 나누는 경험은, 혼자서는 결코 얻을 수 없는 또 다른 소중한 배움과 즐거움이야.

여러분은 혼자서 조용히 시간을 보내는 것과, 소중한 친구들과 함께 신나게 어울리는 것 중에서 어느 때 더 즐거움을 느껴? 그리고 그 이유는 뭐야?

아리스토텔레스, 기원전 384년~기원전 322년

아리스토텔레스는 "인간은 본성적으로 사회적 동물이다"라고 말했어. 인간은 혼자서는 완전한 존재가 될 수 없고 공동체 속에서 함께 살아갈 때 비로소 자신의 잠재력을 실현할 수 있다는 거지. 화가 라파엘로가 그린 〈아테네 학당〉의 그림을 보면, 가운데 아리스토텔레스의 스승인 플라톤이 손가락으로 하늘을 가리키고 있고, 아리스토텔레스는 손가락을 아래로 향해 땅을 가리키고 있어. 그는 그만큼 현실이 중요하다는 것을 강조하고 있는 거야. 두 철학자의 지향점을 잘 나타내고 있는 그림이지.

라파엘로 〈아테네 학당〉 (부분 확대)

예기

유교에서 가장 중요한 다섯 권의 경전(시경, 서경, 역경, 예기, 춘추) 중 하나인 《예기》는 공자와 그의 제자들이 쓴 책이야. 중국의 제도와 예법에 대한 해설, 음악과 학문에 대한 이론이 담겨 있지. 여기서 '예'는 단순히 의례나 예절만을 뜻하는 것이 아니라, 사회적 질서와 개인의 도덕까지 포함하는 큰 개념이야. 통치 제도부터 개인의 몸과 마음을 닦는 것에 이르기까지 모든 것을 다루고 있지.

- 가끔은 친구들 없이 혼자만의 시간을 보내고 싶을 때도 있는데, 너무 이기적인 걸까요?
- 아니야. 혼자 조용히 자신을 돌아보고 에너지를 충전하는 것은 아주 중요해. 그래야 다른 사람들과 더 잘 지낼 수 있거든.

🙍 왜 우리는 다른 사람과 함께 어울려 살아가야 할까요? 혼자서도 충분히 잘 살 수 있지 않을까요?

👴 우리는 서로에게 배우고 도움을 주고받으면서 성장해. 함께하면 더 큰 힘을 낼 수 있고, 혼자서는 경험할 수 없는 즐거움도 누릴 수 있지.

🙍 나와 생각이 다른 친구와는 어떻게 함께 지낼 수 있을까요?

👴 먼저 서로 다름을 인정하고 존중하는 것이 중요해. 그런 다음 친구의 이야기를 잘 듣고, 자신의 생각을 솔직하게 이야기하면서 서로 이해하려고 노력해야 하지.

🙍 우리 가족, 우리 학교, 우리 동네처럼 여러 개의 '우리'에 속해 있는데, 각각의 '우리' 안에서 나는 어떤 역할을 해야 할까요?

👴 모든 '우리' 안에서 너는 소중한 구성원이야. 서로 돕고 배려하며, 규칙을 잘 지키는 것이 건강한 '우리'를 만드는 데 도움이 될 거야.

🙍 미래에는 인공지능 로봇과 함께 살아가는 세상이 올 거라는데, 우리는 그들과 어떻게 '함께' 살아갈 수 있을까요?

인공지능 로봇은 우리의 삶을 편리하게 해 줄 수 있지만, 인간적인 따뜻함이나 감정을 나누는 것은 어렵지. 서로의 역할을 이해하고 존중하는 방법을 찾아야 할 거야.

 함께 읽으면 도움이 되는 책

《가끔은 혼자가 좋아》, 에이미 헤스트, 한빛에듀
 : 혼자 있어도 좋고, 친구가 찾아오면 더 좋아.
《우리, 함께 걸을까?》, 엘렌느 에리, 문학과지성사
 : 혼자 지내도 좋은데, 어느 날 개를 만나면서 생기는 일.
《여우난골족》, 백석, 창비
 : 명절날 집에 모인 가족의 아름다운 장면을 시로 담음.

같은 강물에 두 번 발을 담글 수 없다.
_ 헤라클레이토스(고대 그리스 철학자)

고대 그리스의 철학자 헤라클레이토스는 "변화만이 유일하게 변하지 않는 것이다"라는 심오한 말을 남겼어. 우리가 보기에 멈춰 있는 것처럼 보이는 시계의 바늘조차 끊임없이 움직이듯이, 이 세상의 모든 것은 아주 작은 먼지부터 커다란 산까지, 끊임없이 변화하고 있고, 우리가 매일 경험하는 시간 또한 멈추지 않고 영원히 흘러가는 거대한 강의 흐름과 같다는 뜻이지. 우리가 어렸을 때보다 키가 훌쩍 자란 것처럼, 봄이 지나 여름이 오고 가을이 오듯이, 시간은 항상 새로운 변화를 만들어내며 흘러가고 있는 거야.

아주 오래된 동양의 지혜를 담은 책인 《주역》에는 "궁하면 변하고, 변하면 통하고, 통하면 오래간다"라는 지혜로운 말이 있어. 고대 중국인들은 국가와 사회, 사람의 운명이 모두 변하는 것이라고 생각했지. 그래서 세상살이가 막힐 때마다 고정된 것은 사라지고 새로운 것이 등장하는 변화를 통해 다시 새로운 시작이 가능하다고 보았어.

우리가 어제와 다른 오늘을 맞이하고, 작은 씨앗이 싹을 틔

우고 자라서 커다란 나무가 되는 것처럼, 시간의 흐름 속에서 세상의 모든 것은 끊임없이 변화하며 새로운 가능성을 만들어 가는 거야.

여러분은 시간이 너무 빠르다고 느껴본 적이 있어? 아마 신나게 게임을 하거나 재미있는 만화를 볼 때였을 거야. 반대로 시간이 아주 느리다고 느꼈을 때는? 지루하거나 힘든 수업을 할 때가 아니었을까? 왜 똑같은 시간이 이처럼 다르게 느껴지는 걸까? 만약 시간을 멈추는 힘이 있다면 언제에서 멈추고 싶어? 한번 상상해 봐.

헤라클레이토스, 기원전 535년~기원전 475년

고대 그리스의 철학자 헤라클레이토스는 "만물은 유전한다"라고 말했고, 또 "같은 강물에 두 번 발을 담글 수 없다"라는 유명한 말을 남겼어. 세상의 모든 것이 끊임없이 변화하고 움직이며, 정지된 것은 아무것도 없다는 거지. 헤라클레이토스는 이러한 관점에서 세상의 변화를 탐구하면서 세상을 이해하려고 했어.

주역

고대 중국에서 가장 중요한 책 중 하나로 손꼽히는 《주역》은 음양의 변화와 순환을 통해 세상의 모든 현상을 설명하고 있어. 끊임없이 변화하는 시간의 흐름 속에서 길흉성쇠(좋고, 나쁘고, 번성하고, 약해지는 것)가 반복되는 이치를 보여 주지. 즉 변화를 자연스러운 현상으로 받아들이고 그 속에서 지혜를 찾는 태도가 필요하다는 거야. 공자는 《주역》을 얼마나 여러 번 읽었는지, 책을 묶었던 줄이 세 번이나 끊어졌다고 해.

철학자에게 물어요!

- 시간을 붙잡거나 멈출 수 있다면 어떨까요? 좋은 점도 있겠지만, 나쁜 점도 있을까요?
- 시간을 붙잡으면 좋았던 순간을 영원히 간직할 수는 있겠지만, 모든 것이 멈춰 버려서 새로운 경험을 할 수 없을 거야. 변화가 없으면 결국 재미도 없겠지.

🧒 왜 똑같은 시간인데 어떤 때는 빨리 가는 것처럼 느껴지고, 어떤 때는 아주 느리게 가는 것처럼 느껴질까요?

👴 우리가 무엇을 하고 있는지, 어떤 기분인지에 따라서 시간이 다르게 느껴질 수 있어. 재미있는 일을 할 때는 시간이 빨리 가고, 지루하거나 힘들 때는 느리게 가는 것처럼 느껴지거든.

🧒 과거에 있었던 일은 정말 완전히 사라진 걸까요? 그렇다면 사진이나 기억 속에 남아 있는 것은 뭘까요?

👴 과거는 흘러갔지만, 우리의 기억이나 기록에 흔적으로 남아 있어. 기억을 통해 우리는 과거를 다시 떠올리고 배울 수 있는 거야.

🧒 미래는 아직 오지 않았는데, 우리는 미래에 대해 어떻게 생각하고 계획할 수 있을까요? 또 미래는 이미 정해져 있는 걸까요?

👴 미래는 아직 정해지지 않았어. 우리가 지금 어떤 생각을 하고 어떤 노력을 하느냐에 따라서 미래는 여러 가지 모습으로 바뀔 수 있지.

🧒 시간이 흐르면서 세상의 모든 것이 변하는데, 변하지 않는 것은

정말 아무것도 없을까요?

 겉모습은 변해도, 사랑이나 우정처럼 소중한 마음은 오랫동안 변하지 않을 수 있어. 해가 뜨고 지는 것처럼 자연의 기본적인 법칙들도 변하지 않고.

 함께 읽으면 도움이 되는 책

《시간이 흐르면》, 이사벨 미뇨스 마르틴스, 그림책공작소
   : 시간이 변화함에 따라 바뀌는 세상의 풍경을 재밌게 그려냄.
《시간을 파는 상점》, 김선영, 자음과모음
   : 시간의 가치를 창의적으로 그린 청소년 소설
《오늘 할 일을 내일로 미루는 너에게》, 고정욱, 풀빛
   : 시간이 지나도 자신을 바꾸지 않는 청소년을 위한 책.

과연 행복이란 무엇일까? 갖고 싶었던 선물을 받는 것일까? 공부하지 않고 하루종일 노는 것일까? 친구와 아픔을 나누는 것일까?

행복에 대해 깊이 고민하고 아들에게 책까지 써 준 철학자가 있어. 앞에서도 소개한 고대 철학자 아리스토텔레스야. 그는 《니코마코스 윤리학》이라는 책에서 "행복은 우리 영혼의 활동이 덕에 따라 이루어지는 것이다"라고 말했어. 행복은 내 마음 깊숙한 곳에서 간절히 원하는 것을 이루기 위해 열심히 노력하는 성실함에서 온다는 뜻이지.

갖고 싶었던 선물을 받고 느끼는 순간의 기쁨도 물론 행복이지만, 자신이 좋아하는 그림을 신나게 그리는 것 그리고 자신이 힘들게 완성한 멋진 그림을 보며 느끼는 뿌듯함과 만족감이야말로 우리 마음 깊은 곳에서 샘솟는 진정한 행복에 더 가까울 수 있어. 마치 우리가 오랫동안 고민해서 어려운 문제를 풀었을 때 느끼는 기분과 비슷할 거야.

고대 중국의 철학자 노자는 "만족함을 아는 것이 행복이다"라고 말했어. 만약 많은 돈을 벌고 싶은 사람이 있다고 해 보자. 과연 그 사람은 얼마나 벌어야 행복할까? 어쩌면 평생을 더 많이 벌기 위해 고생만 하다가 행복감은 느낄 수 없을지도 몰라. 더 많이 갖고 싶은 마음은 채울 수 없으니까.

아무리 많은 게임이나 학용품, 예쁜 옷을 가져도 만족하는 마음이 없다면 진정한 행복을 느끼기 어려워. 결국 지금 자신이 가진 것에 감사하고 작은 것에서 만족을 느끼는 마음이야말로 우리를 행복으로 이끄는 가장 중요한 비밀이지.

그리고 이 비밀은 단순히 물건에만 해당되지 않아. 친구와 함께 웃었던 순간, 가족과 함께한 따뜻한 식사, 스스로 노력해서 얻은 작은 성취 같은 것에서도 만족을 느낄 수 있지. 이런 순간들을 소중히 여길 때, 우리는 이미 행복 속에 살고 있다는 사실을 깨닫게 돼.

여러분은 무엇을 할 때 마음이 따뜻하고 행복하다고 느꼈어? 그 이유는 무엇이었니? 가만히 생각해 봐.

아리스토텔레스, 기원전 384년~기원전 322년

아리스토텔레스는 행복이 인간 삶의 목표이자 최고선으로 보았어. 그는 행복을 단순한 즐거움이나 쾌락이 아니라, 인간의 고유한 기능인 '이성'이 잘 발휘되는 '행복한 삶'이라고 정의했지. 행복한 삶은 넘치는 것도 모자란 것도 아닌, 가장 적절한 것을 선택하고 실천하는 지혜야. 그리고 행복한 삶을 위해서는 어느 쪽에도 치우치지 않는 '중용'이 중요하다고 강조했어.

노자, 기원전 571년경~기원전 471년경

노자는 소박하고 자연스러운 삶 속에서 진정한 행복을 찾을 수 있다고 주장한 철학자야. 지나친 욕망을 버리고 만족할 줄 아는 마음, 꾸밈없이 있는 그대로의 자신을 받아들이는 태도가 행복의 근원임을 강조했지. 노자의 핵심 사상을 '무위자연'이라고 하는데, '무위'는 억지로 무언가를 하려고 애쓰지 않는다는 뜻이고, '자연'은 만물의 본래적인 모습이야. 즉 인위적인 욕심이나 의지를 버리고 자연의 흐름에 순응하며 살아야 한다는 뜻이지.

- 모든 사람이 똑같은 것을 행복이라고 느낄까요?
- 행복은 사람마다 다르게 느낄 수 있어. 돈이 많다고 모두 행복한 것이 아닌 것처럼 작고 소박한 것에서 큰 행복을 느끼는 사람도 많거든.

- 행복은 항상 기분 좋은 감정만을 뜻할까요? 어려움을 이겨내거나 목표를 이루었을 때 느끼는 뿌듯함도 행복일까요?
- 그렇지. 행복은 즐거운 감정뿐만 아니라, 힘든 상황을 극복하거나 어려운 도전을 해내고 느끼는 성취감이나 만족감처럼 다양한 모습으로 나타날 수 있어.

- 다른 사람과 비교하면서 나의 행복을 판단해도 될까요? 다른 친구는 좋은 것을 많이 가졌고 나는 그렇지 않다면 불행한 걸까요?
- 다른 사람과 비교하기 시작하면 끝이 없어. 누구라도 그보다 더 많이 가진 사람이 있으니까. 중요한 건 자신이 가진 것에 감사하고, 자신만의 행복을 찾아가는 거야.

🧒 행복은 오래가는 것일까요, 아니면 잠깐 스쳐 지나가는 순간일까요?

👴 행복은 순간의 반짝임일 수도 있고, 삶을 지탱하는 긴 호흡일 수도 있어. 중요한 건 그 순간을 놓치지 않고 마음에 담아두는 거야.

🧒 행복을 위해서는 나 혼자만 잘 살면 될까요, 아니면 다른 사람과 함께해야 할까요?

👴 혼자서도 행복할 수 있지만, 함께 웃고 서로 나누는 기쁨이 훨씬 더 크지.

🧒 과학 기술이 더 발전해서 우리가 원하는 감정을 쉽게 만들 수 있게 된다면, 그것이 진정한 행복일 수 있을까요?

👴 인공적으로 만들어진 감정은 겉으로는 행복해 보일 수 있지만, 스스로 노력해서 얻는 기쁨과는 다를 수 있어. 진정한 행복은 마음속에서 우러나오는 것이 아닐까?

🧒 나에게 가장 소중한 것이 무엇인지 잘 모르겠어요. 자꾸 바뀌기도 하고요. 소중한 건 어떻게 찾아야 할까요?

👴 우선 자신에 대해 잘 생각해 봐. 언제, 무엇을 할 때 즐겁고 행복

했는지 떠올려 보고 그 이유를 생각해 보면 정말 소중한 게 무엇인지 알 수 있을 거야.

 함께 읽으면 도움이 되는 책

《파랑이와 노랑이》, 레오 리오니, 물구나무
: 우정과 사랑, 행복의 참된 의미.
《매일매일 행복해》, 프란체스카 피로네, 피카주니어
: 행복해지기 위해 해야 할 소소한 일상들.
《꾸뻬 씨의 행복 여행》, 프랑수아 를로르, 오래된 미래
: 마음의 병을 앓고 있는 사람을 치료하던 정신과 의사가 행복의 참된 의미를 찾아 여행을 떠나는 내용.

생각을 하면 뭐가 달라질까?

초판 1쇄 발행 2025년 10월 10일

지은이	김경윤
그린이	보라

펴낸이	이혜경
펴낸곳	니케북스
출판등록	2014. 4. 7	제 300-2014-102호
주소	서울시 종로구 새문안로 92 광화문 오피시아 1717호
전화	(02)735-9515	팩스 (02)6499-9518
전자우편	nikebooks@naver.com
블로그	blog.naver.com/nikebooks
페이스북	www.facebook.com/nikebooks
인스타그램	(니케북스)@nike_books (니케주니어)@nikebooks_junior

ISBN 979-11-94809-09-8
　　　979-11-94809-01-2(세트)

니케주니어는 니케북스의 아동·청소년 브랜드입니다.

책값은 뒤표지에 있습니다.
잘못된 책은 구입한 서점에서 바꿔 드립니다.